子どもの手しごとブック

ワクワク
お花屋さん気分
はじめての花レッスン

今野政代

RIKUYOSHA

はじめに

お花屋さんには、お花や葉っぱが
いっぱいあってきれいですね。
お庭やベランダに、
いろいろな花や葉っぱがあるお家もあるでしょう。
この本は、これらのみぢかなお花で楽しくあそぶための
デザインブックです。

工作のように気軽に。
お花屋さんのように花たばにちょうせんしたり、
ビーズあそびのようにアクセサリーを、
ケーキ屋さんみたいにフラワースイーツをつくってみましょう。
かわいいお部屋のかざりやプレゼントもできますね。
さあ大好きなお花でレッスンをはじめましょう！

花レッスンをはじめる前の小さなおやくそく

1. つくったあとはお花にたっぷりお水をあげてね。

2. はさみは気をつけて使ってください。

3. 太いもの、かたいものは、大人の人に切ってもらいましょう。

4. おかたづけまでがレッスンですよ。

きれいにできたらプレゼントにすると、みんなえがおになってうれしいですね！

もくじ

＊作品の左下の星マークは、つくり方がやさしいか、むずかしいかを記しています。
かんたん（⭐︎☆☆）は、ぶきようさんでもできるやさしいもの。まあまあ（⭐︎⭐︎☆）、
ちょうせん（⭐︎⭐︎⭐︎）のじゅんにレベルが上がります。

この本で使う花材と材料について

お花にもいろいろな種類があるのを知っていますか。
この本で使う材料や道具は近くのお店でさがしてみましょう！

お花屋さんで売っているお花の種類

お花屋さんをのぞいてみたら、わぁきれい、いろいろな色のお花がたくさん！
バラ、チューリップ、スイートピー。お花は生花のほかに、いろいろな種類があることを知りましょう。

生花

お花屋さんで売っている買いやすいお花。花びらや葉っぱが生き生きしているものをえらびましょう。生きているのでお水にさしてかざります。

プリザーブドフラワー

生花をかこうした何年も楽しめるお花。生花にない色もあってきれいです。くきがないのでワイヤーをかけるといろいろなデザインができます。

アーティフィシャルフラワー

ぬのややわらかいプラスチックでできたお花。水がいらないのでアクセサリーにもむいています。工作のようにはったりさしたり自由に使えます。

材料や道具が売っているお店

お花のアレンジをするときは、お花のほかに、デザインにあわせて、
いろいろな材料や道具がいります。どんなところにあるかな。

しゅげいのお店や100円ショップ

リボン、ビーズ、箱などをみつけることができます。100円ショップにはアーティフィシャルフラワーが売っていることも。

ぶんぼうぐやさん

はさみやホチキス、セロハンテープ、マスキングテープ、木工用ボンド、ラッピングペーパー、シールなどがあります。

ホームセンター

ものをつくる材料やぶんぼうぐ、しゅげい用品などいろいろなものが売っています。ワイヤーや結束バンドもあります。

Season

1

きせつのお花や 葉であそんでみよう

きれいな色のお花がいっぱいの春。緑の葉が
気持ちいい夏。赤や黄色の葉がある秋。冬には雪の
中から赤い実。さあ、きせつの花レッスンをはじめましょう！

マスキングテープと
わりばしの
花どめアレンジ

春

絵の具とお花で楽しむコラージュ

春

サラダのような
グリーンアレンジ

夏

落ち葉をはって
ハロウィンのかざり

秋

夏

プリンセス気分になれる
お花のアクセサリー

夏

くるくるまいた葉っぱの花どめ

秋

小えだの花どめアレンジ

冬

クリスマスのアレンジいろいろ

5

春
マスキングテープとわりばしの
花どめアレンジ

みんなが大好きなマスキングテープを
わりばしにはって、お花をささえる
花どめをつくりましょう。
お気に入りのカップにのせたら、
ステキなお花のうつわに!

カップやテープは
お花と同じ色にすると、
オシャレに。

| 花材 | バラ
バーゼリア
アイビー
ブルースター | ワックスフラワー
ネリネ | ✂
材料と道具 | 結束バンド
わりばし
マスキングテープ
カップ
はさみ |

1 用意するものは、左から結束バンド（ホームセンターに売っています）、わりばし、マスキングテープ。

2 お家にあるわりばしにお気に入りのマスキングテープをはります。わりばしは1本にしてもだいじょうぶ。

3 下のコラムをさんこうに、2のわりばし3本を三角に重ねて、結束バンドでしっかりとめます。

4 カップに水をたっぷり入れ、3のわりばしをのせます。花を短く切って（水あげの方法は、p.34）さします。

わりばしでつくるカンタン花どめ

木のえだでもできますよ。色をぬってもいいね。

1 わりばしを2本そろえて、かた側を結束バンドでむすびます。

2 1でわりばしをむすんでいない側を広げます。
← 広げます →

3 もう1本たしてね
もう1本のわりばしを重ねて三角形にします。

4 重なっているところを結束バンドでしっかりむすびます。

絵の具とお花で楽しむ コラージュ

すいさい絵の具でつくったカードに
アーティフィシャルのお花をはった
コラージュ。お気に入りのリボンや
シールもはって、
かわいいカードをつくりましょう。
大好きな色でつくってね！

ロープにせんたくバサミをつけて、
コラージュをかざってみましょう。
お部屋がオシャレにドレスアップ！

アーティフィシャルの花材（かざい）

ブルースター
ホワイトスター
アジサイ

材料と道具（ざいりょう どうぐ）

フレーム
すいさい絵の具（え ぐ）
画用紙（がようし）

クリアファイル
リボン
ビーズ
筆（ふで）

絵の具皿（え ぐ さら）
両面テープ（りょうめん）
木工用ボンド（もっこうよう）
はさみ

1 フレームのガラスにすいさい絵の具をぬります。フレームは100円ショップにも売っています。

2 筆にたっぷりの水をふくませて、絵の具の上にたらします。

3 画用紙を2の上にのせ、手でおさえてからはがします。

4 3の絵の具をかわかしてから、うらに両面テープを使って、クリアファイルをはります。

5 お気に入りのリボンを木工用ボンドではって、ベースをつくります。

6 アーティフィシャルの花や葉っぱ、ビーズなど、いろいろ組み合わせて絵をえがくように楽しみましょう！

サラダのような
グリーンアレンジ

こい緑、うすい緑、いろいろな葉っぱ。
お台所にあるガラスのうつわに
アレンジしたら、グリーンサラダみたい！

みんながテーブルに集まったら、
きりふきで水をかけてね。

まあまあ
★★☆

🌸 **花材**

リキュウソウ
ヘリクリサム
アイビー

✂ **材料と道具**

アルミワイヤー
ガラスのうつわ
はさみ

アルミワイヤーは、
ホームセンターで
売っています。

1 やわらかいアルミワイヤー。
いろいろな色があります。

これが、葉の
花どめになるよ。

2 くるくるまるめます。あやとり
みたいにくぐらせてみて。

3 2をガラスのうつわに入れ
て、水をたっぷりそそぎます。

水の中に葉がある
とくさってしまうよ。

4 葉をうつわにさします。水の
中にはいる葉は、はずしてね！

10

夏 くるくるまいた 葉っぱの花どめ

葉っぱをのりまきみたいにまいて、
いつものおべんとう箱に入れたら、
ステキな花のうつわになりました。

葉っぱの花どめは
ギュッとつめて。
花がきれいにさせますよ!

ちょうせん
★★★

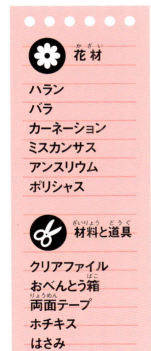

花材（かざい）

ハラン
バラ
カーネーション
ミスカンサス
アンスリウム
ポリシャス

材料（ざいりょう）と道具（どうぐ）

クリアファイル
おべんとう箱（ばこ）
両面（りょうめん）テープ
ホチキス
はさみ

1 クリアファイルを葉（は）に両面（りょうめん）テープではり、長方形（ちょうほうけい）にカット。

2 くるくるまいて、ホチキスで上（うえ）、真ん中（まなか）、下（した）をとめます。

3 2の葉（は）をおべんとう箱（ばこ）へキュウキュウにつめてたたせます。

4 水（みず）を入れたら、好（す）きな花（はな）や葉（は）っぱをさして楽（たの）しんでね!

11

プリンセス気分になれるお花の
アクセサリー

大好きなお花でアクセサリーを
つくりましょう。
ネックレス、花かんむり、ブレスレット。
手づくりアクセサリーで
思い切りおしゃれを楽しんで！

大好きな服の色を1色、
花の色に入れてみてね！

生花でつくる
花かんむり
つくり方は p.13 下
ちょうせん
★★★

長さが自由な
ネックレス
つくり方は p.13 上

12

【 長さが自由なネックレス 】

アーティフィシャルの
花材

ナデシコ
ピンポンマム
ライラック
ブバリア
など

材料と道具

ストロー
ビーズ
お花用のワイヤー（白）
リボン2種
ホチキス
はさみ

花はアーティフィシャル。

1 花をバラバラに。大きな花は半分におってホチキスどめ。

2 細いお花用のワイヤーに花やストロー、ビーズを通します。

フワフワしたリボンを入れるとかわいい。

3 色のきれいなものをあつめてつなげます。

4 ワイヤーの両はしに細いリボンをむすびます。

【 生花でつくる花かんむり 】

花材

カーネーション
ナデシコ
スプレーバラ

材料と道具

ひも
ゴム
リボン
はさみ

花は生花。

1 小さな花に水をすわせたら、短く切ってならべます。

2 花をイラストのようにならべて、ひもやゴムでまきます。

3 頭の大きさに合わせて花をつなげ、丸くします。

4 細いリボンを、くきをかくすように全体にまいたらできあがり。

落ち葉をはって
ハロウィンのかざり

葉っぱが赤や黄色に色づく秋は、
葉っぱをうつわにはってみましょう。
中にカボチャやキャンドルを
入れたら、あっという間に
ハロウィンアレンジ！

水でうすめた木工用ボンドを
葉っぱにぬると、じょうぶな
入れ物になりますよ！

14

キャンドルのかざり
つくり方は p.17 中
かんたん
★☆☆

カボチャのかざり
つくり方は p.17 上
かんたん
★☆☆

小えだの 花どめアレンジ

小えだを集めて、つみきのように
つんでいきます。まっすぐなもの、
曲がったもの、いろいろな形を
入れるとおもしろいアレンジが
できますよ！

★★★

花どめアレンジ

❀ 花材	✂ 材料と道具	
えだ	うつわ	お花用のワイヤー
ダリア	フローラルフォーム	（茶）
ヒペリカム	ナイフ	はさみ
アジサイ		

フローラルフォームの
あつかい方は、p.34を見てね。

1 水につけたフローラル
フォームをうつわに入れ
ます。ふちと同じ高さに。

秋にはダリアや赤い
実をさすとかわいい！

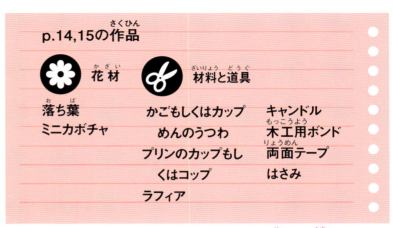

p.14,15の作品

❀ 花材

落ち葉
ミニカボチャ

✂ 材料と道具

かごもしくはカップ
めんのうつわ
プリンのカップもし
くはコップ
ラフィア

キャンドル
木工用ボンド
両面テープ
はさみ

【 カボチャのかざり（p.14,15の作品）】

葉っぱに水でうすめた
木工用ボンドをぬります。

1 落ち葉を集め、かごもし
くは、カップめんなどのう
つわを用意します。

2 ボンドや両面テープで落
ち葉をうつわのふちまでは
ります。中にカボチャを。

【 キャンドルのかざり（p.14,15の作品）】

コップの中に
キャンドルを。

1 落ち葉とプリンのカップも
しくはコップ、キャンドル
を用意します。

2 ボンドや両面テープで落
ち葉をはります。ラフィア
をまいてアクセントに。

2 いろいろな形のえだを集
めて、うつわの大きさの2
倍くらいに切りそろえます。

3 U字に曲げた5センチくら
いのワイヤーで、えだを
フォームにとめます。

4 大きな花から順番に、え
だの上からフォームにしっ
かりさしていきます。

クリスマスの
アレンジいろいろ

さむーい北風がふいてきたら、
お部屋をあったかくして、
さあ、クリスマスのじゅんび。
ヒメリンゴやまつぼっくり、
リボンをいっぱいかざってね！

ヒムスロギのリース
つくり方は p.20 下
★★★

キャンドルアレンジ
つくり方は p.21
★★★

お家にあるいろいろなリボンと
まつぼっくりでつくった
オーナメントをかけたら
こんなにかわいらしく!

まつぼっくりとリボンの
オーナメント
つくり方は p.20 上
まあまあ
★★☆

【 まつぼっくりとリボンのオーナメント
（p.18,19 の作品）】

✿ 花材	✂ 材料と道具	○
まつぼっくり	リボン	○
	お花用のワイヤー	○
	はさみ	○

たくさんつくるとツリーの
オーナメントにもなるよ。

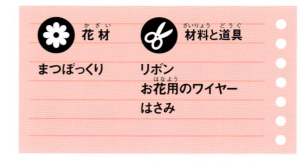

おもて　　　　　　うら

1 リボンは真ん中でバッテン。まつぼっくりには、お花用のワイヤーをかさの間にひっかけます。

2 まつぼっくりのワイヤーをねじったら、リボンの真ん中にかけ、リボンのうらでねじります。

【 ヒムロスギのリース（p.18の作品）】

✿ 花材	✂ 材料と道具	○
ツル	リボン	○
ヒムロスギ	お花用のワイヤー	○
まつぼっくり	はさみ	○

大きなえだを
小さく切ります。

上のまつぼっくりと
リボンのオーナメントを
つけてできあがり。

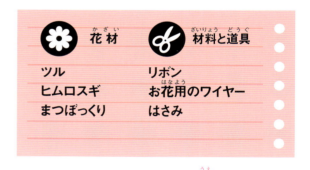

1 ツルを丸めてベースにします。ワイヤーで、つるすフックをつくります（つくり方は、p.33 の上の 3 に）。ヒムロスギは 7〜8 センチに切ります。

2 ワイヤーをツルの 1 か所にとめ、スギの葉先が時計まわりに向くように重ねながら、ワイヤーでまきとめます。

【 キャンドルアレンジ（p.18の作品）】

🌸 花材		✂ 材料と道具
ヒムロスギ	キャンドル	ガムテープ
ヒメリンゴ	丸いうつわ	フローラルフォーム
まつぼっくり	紙	ナイフ
	オーナメント	竹ぐし
	お花用の	えんぴつ
	ワイヤー	はさみ

キャンドルがフォームにささるようにするよ。

1 6センチくらいに切ったワイヤーを2本、キャンドルの根元にそえ、ガムテープでとめます。

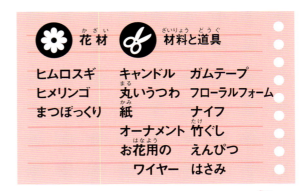

フローラルフォームのあつかい方は、p.34を見てね。

フォームの高さ

2 丸いうつわに、水につけたフローラルフォームをぴったり入れます。ふちより少し高めに。

中央に1のキャンドルをさします。

3 だ円形をえがいた紙の真ん中にうつわをおき、円にそってヒムロスギをさします。

まつぼっくりは、かさの間にワイヤーをひっかけてねじっておくと、さしやすいよ。

4 ヒムロスギを山形にさし、竹ぐしをさしたヒメリンゴやまつぼっくり、オーナメントをさします。

クリスマスにはなぜリースをかざるの？

古くからのいいつたえですが、「わ」になっているリースは、始めも終わりもないえいえんにつづく愛や命を。じょうりょくじゅの緑はえいえんの命。実やリボンの赤は太陽やキリスト、まつぼっくりやりんごの実はしゅうかくやゆたかさをあらわしていると言われています。

この本で使う道具について

お花であそぶとき、あるとべんりな道具をしょうかいします。なるべくお家にあるものを使ってみてね。

はさみ

植物を切ったり、紙やリボンなどを切ったりします。使ったあとはあらってよごれをとり、きれいにふきましょう。

両面テープ

紙やクリアファイル、リボン、アーティフィシャルのお花や葉をはりあわせるのにべんりです。

ガムテープ

ねんちゃく力のあるテープです。紙にワイヤーをとめるといったように、しっかりとめたいときにべんりです。

セロハンテープ

花たばをラッピングするとき、手に持つところをギュッとまいてとめるときも使います。ひもでむすぶよりかんたんです。

木工用ボンド

ボンドの定番。アーティフィシャルやプリザーブドのお花をさすとき、つけてさすと安心。

ホチキス

大きな葉っぱをくるりとまいてとめるとき使います。花たばや箱のラッピングでギャザーをよせたいときもかつやくします。

お花用のワイヤー

お花用のはりがね。くきをつくったり、まとめたり、いろいろな使い道が。太さもいろいろあり、この本ではおもに緑の紙がまいてある中くらいの太さの24番をつかっています。

フローラルフォーム

お花をさしてこていするもの。生花用はお水をすわせて使い、お花にお水をすわせる役目をします。好きな大きさに切ることができます（あつかい方は、p.34を見てね）。

2 お家の中をかざってみよう

ただいま！のげんかんから勉強づくえ、リビングのかべなど、
お家の中には、お花をかざるところがいっぱいありますね。
キレイなお花でみんなをえがおにできたらうれしいね。

きせつのお花をテーブルに

ただいまのげんかんに

カンタンリースは
かべやドアに

わたしの
つくえの上に

きせつのお花をテーブルに

とくべつな日のテーブルに

ただいまの
げんかんに

いってきます。ただいま。
おかえりなさい。
お家の入り口であるげんかんには、
きれいなお花をかざりましょう。
みんながえがおになりますよ！

げんかんのげた箱や
テーブルの上に、カラフルな
お花をかざりましょう。

まあまあ
★★☆

1 水（みず）につけたフローラルフォームを細（ほそ）く切（き）って、水（みず）がもれないようにセロハンをまき、セロハンテープでとめます。

フローラルフォームの
あつかい方（かた）は、p.34を見（み）てね。

2 1をラッピングペーパーでつつみます。ちがう色（いろ）や絵（え）の紙（かみ）を重（かさ）ねてもステキ。はしを細（ほそ）いリボンでむすびます。

3 両（りょう）はしをリボンでむすんで、アレンジの土台（どだい）のできあがり。キャンディーみたいにかわいらしくね！

4 ストローに花（はな）のくきをさして、好（す）きな長（なが）さに切（き）ります。いろいろな色（いろ）のストローにさすと、カラフルになりますよ。

5 4の花（はな）を3の土台（どだい）にさします。高（たか）さをデコボコにすると、きれいに見（み）えますよ。前（まえ）と後（うし）ろにもさしてね！

お花（はな）のくきを
しっかりフォームに
さしましょう。

6 いろいろな色（いろ）や形（かたち）のシールをストローや土台（どだい）にはります。少（すこ）しはなれて全体（ぜんたい）の色（いろ）のバランスを見（み）るといいですよ。

わたしの つくえの上に

キレイなお花がつくえにあったら、
宿題もはかどりそう！
紙コップをデコって
好きなお花をさすだけ。
お気に入りのお花を楽しんで！

お花は短くさすと
キュート！

アーティフィシャルの 花材	[さす花] バラ ピンポンマム ラナンキュラス ガーベラなど	[コップにはる花] ブバリア ナデシコ バラ オンシジウムなど	材料と道具	ペーパーナプキン 紙コップ リボン2種 シール ビーズ	ねんど 両面テープ セロハンテープ はさみ

1 好きなもようのペーパーナプキンを用意します。2まい重なっているものは、うら側をはがします。

2 紙コップに1のペーパーナプキンをまき、両面テープでとめます。

3 紙コップのそこや、うち側もきれいにはります。これが花のうつわになります。

4 細いリボンをたてやよこにくるくるまいて、セロハンテープでとめます。

5 アーティフィシャルフラワーやシール、ビーズなど、好きなものを両面テープではりましょう。

6 中にねんどを入れて、花どめにします。好きなアーティフィシャルフラワーをねんどにさしてできあがり。

きせつのお花を テーブルに

お家にあるコップとアルミワイヤーだけ。
カンタンにきせつのお花が楽しめます！

夏は葉っぱや貝がらを使うとすずしそう！

【 p.28の作品 】

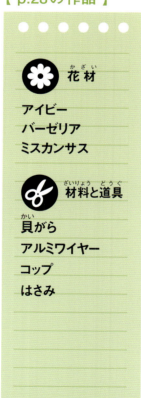

花材

アイビー
バーゼリア
ミスカンサス

材料と道具

貝がら
アルミワイヤー
コップ
はさみ

p.28とp.29の作品
両方のつくり方です。

1 アルミワイヤーも夏はブルー、秋はオレンジときせつ感を。

2 コップの中に入るように、ワイヤーをくるくるまきます。

3 細長い葉は、さきにワイヤーへくぐらせるとラクですよ。

細長い
平たい
お水をコップに入れて、お花をさしてね。
丸い
コロコロ

4 細長い、丸い、コロコロなど、いろいろな花材をみつけてね！

落ち葉やまつぼっくり
をそえると、秋らしく。

かんたん
★☆☆

【 p.29の作品 】

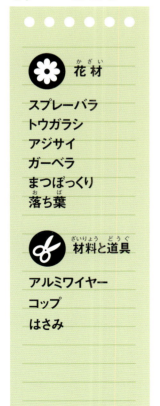

花材

スプレーバラ
トウガラシ
アジサイ
ガーベラ
まつぼっくり
落ち葉

材料と道具

アルミワイヤー
コップ
はさみ

「お・も・て・な・し」ってどんなこと？

おもてなしとは、相手を思いやる気持ちのこと。くつをそろえる。テーブルをきれいにふく。キレイなお花をかざる。どれもされたらうれしいことばかり。気づいたら行動。よろこばれたら自分が一番うれしいね！

かたづけたお部屋に
きれいなお花を。

ぬいだくつは
きちんとそろえると、
ステキなレディに。

テーブルは
いつもキレイに！

使わないものは
おかたづけ。

とくべつな日の テーブルに

ホーローのうつわに水を入れて
お花をうかせます。キャンドルに火を
つけると、あら？お花がキラキラ。
水の上ならあんしんね。
おたんじょう日や
おいわいのテーブルに。

短く切ったお花は
たっぷり入れた
お水の中に。

★★☆ かんたん

花材（かざい）
アジサイ
ダリア
ガーベラ

材料と道具（ざいりょうどうぐ）
ホーローのうつわ
キャンドル
星のシール（ほし）
はさみ

1 ホーローのうつわに大きな（おお）キャンドルをおいて、たっぷり水（みず）をそそぎます。キャンドルはどっしり太い（ふと）ものがオススメ。

2 花（はな）はきれいな色（いろ）を1りんずつ。短く（みじか）切って（き）うかべます。お星（ほし）さまのシールもうかべてできあがり！

テーブルのお花（はな）で気（き）をつけることは？

家族（かぞく）やおともだちとのお食事（しょくじ）は、おりょうりやおしゃべりを楽しむ（たの）大切（たいせつ）な時間（じかん）ですね。お花（はな）は、おたがいの顔（かお）が見え（み）るようにすこしひくめにさします。

お花（はな）の高さ（たか）はひくく。相手（あいて）の顔（かお）が見えます（み）ね。

かおりがきつい花（はな）や花ふん（か）が落ちる（お）花（はな）はさけます。

アレンジの大きさ（おお）は、テーブルの大きさ（おお）の1/3が目安（めやす）。

1/3 1/3 1/3

きせつに合わせ（あ）て、夏（なつ）はすずしそう、冬（ふゆ）はあたたかい色（いろ）のお花（はな）を。

テーブルにあったお花（はな）をかざるとみんなえがお。いつものおりょうりもごちそうに見えます（み）よ！

31

カンタンリースは かべやドアに

木のツルでいろいろなリースが つくれます。木の実、貝、リボン、 フェルト、アクセサリー。 つけるものはなんでも OK。 世界でたったひとつのリースを つくってみてね！

木の実のリース
つくり方は p.33 上
ちょうせん
★★★

レースのリース
つくり方は p.33 下
かんたん
★★☆

げんかんのドアのうち側に つけてもステキ！

【 木の実のリース（p.32 左の作品） 】

花材

まつぼっくり
木の実
ツル

材料と道具

ラフィア
お花用のワイヤー
（茶）
木工用ボンド
はさみ

1 まつぼっくりのかさにワイヤーを
ひっかけて、後ろでねじります。

2 ツルをまるめてリースの土台
をつくります。

3 2のリースの上にワイヤーで、
つるすフックをつくります。

リボンむすびにしたラフィアを
リースの上にワイヤーでつけます。

4 まつぼっくりはワイヤーでつけ、
木の実はボンドではります。

【 レースのリース（p.32 右の作品） 】

花材

ツル
アーティフィシャルの
ブルースター

材料と道具

レースリボン
木工用ボンド
はさみ

1 ツルを丸めてリースをつくりま
す。小さくつくるのがポイントよ！

花は木工用ボンドで
つけます。

2 レースリボンを上下にむす
び、花をアクセントに。

リースはどんなところにかざるの？

クリスマスといえばリース。げんかんのドアにリースがあったら
すてきですね。でもリースにはこんなかざり方もあります。
①テーブルにおいて、わの真ん中にキャンドルをおく。
②シンプルなツルのリースをお部屋のかべにかざる。
かざるところを考えるのも楽しいですね。

お花のお手入れについて

お花屋さんで買った生花や、お庭やベランダでそだてたお花は生きています。
やさしくあつかってあげると、げんきにさいてくれます！

アレンジをする前に

買ってきたお花は、お家に帰ったら、つつみ紙やわゴ
ムをはずしてお水に入れると生き生きとします。お庭や
ベランダで育てたお花も、切ったらたっぷりのお水の中
に入れてあげてね。やさしくあつかってあげましょう。

チョッキン

ななめに
切ります

水の中で
切ります

下の方の葉やつぼみはとります

水あげの方法

花は生きています。買ってきたお花は下の方
の葉やつぼみをとって、水の中でくきをなな
めに切ります。こうすると、グングン水をすっ
て、元気になります。花びんの水の中に葉
が入っていたら、くさりやすいのでとりましょう。

フローラルフォームのあつかい方

フローラルフォームは、お花をささえる土台です。生花
をさすときは、お水をふくませるじゅんびをします。こう
するとさしたお花が、お水をすうことができます。

1

フローラルフォームを使いたいう
つわの中に入る大きさになるよう
に、ナイフで切ります。

2

ためたお水の中につけます。この
とき決しておさないこと。中までお
水がしみこまないからです。しぜん
にしずむのを待ちます。

3

こい緑になったらだいじょうぶ。
水の中から出して、うつわに入
れて、お花をさします。

Present

3 お花のプレゼントをつくってみよう

ありがとう、おめでとうのとき、
いつもみんなによろこばれるお花のおくりもの。
さあ、すてきなプレゼントをお花でつくってみましょう！

おたんじょう日のおともだちへ

大好き！おじいちゃん、おばあちゃん

バレンタインにフラワースイーツを

ありがとう、先生！

お父さんありがとう！
お母さんありがとう！

大好き！
おじいちゃん
おばあちゃん

お花屋さんみたいな
ステキな花たば

35

お花屋さんみたいな
ステキな花たば

ありがとう!のプレゼントに
かわいい花たばをつくりましょう。
たばね方やラッピングの方法を
何回か練習したら、
お花屋さんみたいにすてきな
花たばができますよ。

かわいいラッピングと
リボンでドレスみたいに!

花材	ナデシコ バラ カーネーション	スプレーバラ ヒペリカム ブバリア ガーベラ	材料と道具	セロハンテープ あさひも キッチンペーパー アルミホイル	ラッピングペーパー 2種 リボン はさみ

1 花だったら、どんな種類をえらんでもOK。花の頭をそろえてならべます。

2 たばねるところより下の葉をとります。花の頭から10センチくらいです。

緑のテープより下の葉をとります。

中心のお花はまっすぐにそろえて一度テープでとめます。

まわりにほかのお花をたしていきます。わあ、かわいい！

くきをぬらしたキッチンペーパーとアルミホイルでつつみます。

3 大きな花を中心に持ち、全部の花をたばねます。くきはまっすぐでもななめでも。

4 たばねたところをあさひもでむすびます。くきは花びんに入るくらいの長さに。

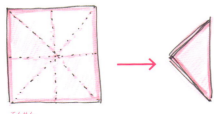

点線をおっていくと

こうなります

5 ラッピングペーパーを2まい重ね、イラストのようにたて、よこ、ななめとおります。

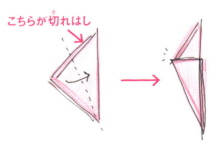

こちらが切れはし

6 5でおったものをたてにもう一度おります。

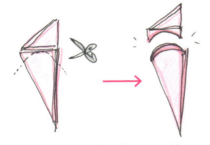

7 切れはしの方を花びらの形になるように、丸く切ります。

くきを紙でまとめたら、テープでとめてからリボンをむすぶといいよ。

8 7の紙を開いて、中央に4の花たばをおいてつつみ、リボンでむすびます。

お父さんありがとう！
お母さんありがとう！

母の日のプレゼントといえば、
カーネーション。
父の日はヒマワリが人気。
花をたばね、きれいな紙でつくった
カフスにさしこんだら、
こんなにステキな花たばに！

カフスにはる紙は、
ざっしやほうそう紙をつかったり、
絵をえがいたりしてもいいわね。

花材	材料と道具	
カーネーション ヒマワリ スプレーバラ	丸いお皿 ダンボールもしくは 　あつ紙 アルミワイヤー ガムテープ	ざっしやほうそう紙 両面テープ あさひも はさみ

1 ダンボールかあつ紙の上にお皿をおき、りんかくをなぞって円をえがきます。

2 真ん中にも小さな円をえがきます。大きさは、お花のりょうにあわせます。線にそってダンボールを切ります。

3 アルミワイヤーを4本用意します。2のダンボールに1本ずつ、ガムテープではります。

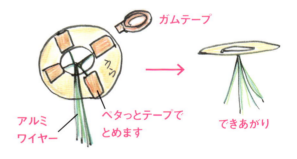

4 4本のアルミワイヤーをイラストのようにはったら、真ん中で集めて、1本になるようにねじります。

5 ざっしやほうそう紙などきれいな紙を集め、4のおもてとうらに両面テープではります。紙が重なってもステキ！

6 花は葉をとってから、5のカフスの真ん中の穴にさします。くきはあさひもでむすび、花びんにあわせてカットします。

大好き！ おじいちゃん、おばあちゃん

けいろうの日には、プレゼントといっしょに、お花をおくりましょう。よろこんでもらえるといいな。

☆☆☆ かんたん

ゆのみにダリアやリンドウ。秋のお花を見つけてね。

花材 かざい

ダリア
リンドウ
ケイトウ
セロシア

材料と道具 ざいりょうとどうぐ

ゆのみ
フローラルフォーム
ナイフ
くみひも
　もしくはリボン
はさみ

フォームのあつかい方は、p.34を見てね。

1 ゆのみの中に、水につけたフローラルフォームを入れます。

2 ゆのみは、くみひもかリボンをまいて、着かざります。

3 お花をさして、おめかししたプレゼントのできあがり！

行事の日と意味は？

母の日（5月の第2日曜日）
子どもがお母さんへかんしゃする日。

父の日（6月の第3日曜日）
子どもがお父さんへかんしゃする日。

けいろうの日（9月の第3月曜日）
おとしよりをうやまい、長じゅをいわう日。

バレンタインデー（2月14日）
大切な人へチョコレートなどをおくり、思いをつたえる日。

きれいでおいしい!
和がしと花のお重箱。

★★☆

両面テープで
はってね。

1 ダンボールを箱に入る大きさに切り、紙やぬのをはります。

2 箱に1のしきりを入れて、和がしをつめます。

3 水につけたフォームをセロハンでつつんで入れます。

4 フォームが見えないように、花を短く切ってさします。

ありがとう、先生！

大好きな先生へ、ありがとう、さようならというときに。
みんなの気持ちをお花にこめて。

箱は高さのあるものを
えらんでね。

かんたん
☆☆☆

🌼 花材

バラ
ナデシコ
ブバリア
ヒペリカム
ダリア

✂ 材料と道具

ふたつきの箱
フローラルフォーム
ナイフ
セロハン
リボン
はさみ

フォームは箱の半分
の高さがめやす。

1 水につけたフローラルフォーム
をセロハンでつつんで箱に。

2 大きな花から、ふたがしまる
高さに切ってさします。

3 すきまに小さな花をさします。
まっすぐさすのがポイントよ！

おてがみやカードも
わすれずに！

4 ふたをしたら、きれいなリボン
をむすびましょう。

おたんじょう日の
おともだちへ

わあ、きれい。バスケットに花たば？ バースデーカードをつけて、このままかざれるプレゼント！

リボンやカードもいろいろえらんでみて！

ちょうせん
★★☆

花材（かざい）

バラ
スプレーバラ
ナデシコ
マトリカリア

材料と道具（ざいりょう どうぐ）

バスケット
リボン2種（しゅ）
マスキングテープ
バースデーカード
レースペーパー
セロハン
フローラルフォーム
ナイフ
お花用のワイヤー（はなよう）
はさみ

カードをはさみます。

おもて　　　うら

1 フタにリボンをななめにマスキングテープではります。

3 さいしょに葉をさして、フォームをかくします。

フローラルフォームのあつかい方（かた）は、p.34を見てね（み）。

2 レースペーパー、セロハン、フォームのじゅんに入れます（い）。

リボンむすびにはワイヤーをかけます。

4 一方（いっぽう）に花（はな）を、反対側（はんたいがわ）にくきを、その間（あいだ）にリボンをさします。

43

バレンタインに フラワースイーツを

アーティフィシャルのお花と
フルーツ、デコ用生クリームで、
フラワースイーツのできあがり！
ピックやはたをデコレーション。
いっぱいつくってパーティーに！

フルーツとフルーツの
間に生クリームを
入れるのがポイント！

まあまあ
☆☆☆

アーティフィシャルの花材		材料と道具	
ナデシコ マトリカリア スプレーバラ スプレーマム	イチゴ ブドウ サクランボ	コップ スイーツデコ用の 生クリーム （ニュープリデコホイップ） ストロー	ピック おべんとう用のはた ストロー 木工用ボンド はさみ

スイーツデコとは、ケーキやマカロンなどのスイーツをじゅしねんどやアーティフィシャルのフルーツなどを使ってつくる本物そっくりのおかしのこと。食べられません。

スイーツデコ用の生クリーム

1 あしのある小さなコップをさがしましょう。小さなカップでもだいじょうぶ。

2 アーティフィシャルのフルーツをそこに入れ、スイーツデコ用の生クリームをしぼります。

アーティフィシャルのお花は、くきに木工用ボンドをつけてさすとしっかりとまるよ！

アクセントになるストロー、ピック、おべんとう用のはた

3 もう一度、フルーツを入れたら、生クリームを。一番上に小さなアーティフィシャルのお花をさします。

4 ストローやピック、おべんとう用のはたでデコレーション。かわいらしく、おいしそうに仕上げてみてね！

お花のプレゼントはどうやってわたすの？

プレゼントのわたし方
つくったプレゼントはセロハンでラッピングしたり、箱に入れたりすると安心。そこがしっかりした手さげぶくろに入れてわたしましょう。

プレゼントする人へつたえること
生花のプレゼントは、お家についたらお水の中に入れるようにつたえてね。できたら、水あげの方法も教えましょう（水あげの方法は、p.34を見てね）。お花を長く楽しんでもらえたらいいね！

45

きせつの花の楽しみ方

日本には春、夏、秋、冬と四季があります。お花といっしょにきせつも楽しみましょう！

春の花

春

チューリップ

パンジー

カーネーション

にゅうがくしき

さくらがさく春。
入学式のころには、
かだんにお花がいっぱいさきます。
チューリップやヒラヒラしたパンジー。
お花を見るとワクワクして
心まで明るく元気になりますね。
かおりを楽しめるお花をたばねる。
お水にさす。
それだけでお部屋が明るくなります！

夏の花

夏

アイビー

ヒマワリ

アンスリウム

太陽がまぶしい夏。
大きな木の下はひんやりこかげ。
緑の葉っぱが気持ちいいですね。
夏はこの葉っぱで
デザインを楽しんでみて！
アレンジができたら、
葉っぱの上にもお水をかけると、
すずしそうに見えます。

秋

リンドウ

秋の花

ダリア　ケイトウ

運動会に、おいもほり。
秋には木の葉が色づきます。
公園の木も赤や黄色にかわったら、
落ち葉をいっぱいあつめましょう。
うつわや、ワイヤーでつくった
かいじゅうにはったり、
本の間にはさんでおし花に。
色とりどりの葉っぱで楽しみましょう！

冬

冬の花　　まつぼっくり

ヒムロスギ

バラ

しずかな冬。外に一面の
雪がつもることもありますね。
寒い冬は、秋にあつめた
木の実と葉っぱで
リースづくり。
キラキラ光るオーナメントや
リボンもかざります。
あったかいお部屋で、
家族やおともだちとクリスマスを
おいわいしましょう！

四季を通して、みんなをえがおにしてくれる、植物の力ってふしぎですね。
さあ、今日からお花といっしょにじぶんらしいデザインをしてみましょう。
お花での「お・も・て・な・し」。がんばりすぎずに、大好きなお花といっしょに楽しんでね！

今野政代
こんのまさよ

フラワーデザイナー。株式会社ベル・フルール代表取締役。家庭の主婦として3人の男の子を育てながら、フラワーデザインの道へ。ダイニングテーブルから始まった教室は、現在全国初となるフラワーデザインカレッジに成長。国内外で多くのデザイナーを輩出する。温もりある作品と分かりやすいセミナーは特に人気が高く、ファンも多い。フラワーデザインを通して、しなやかな女性の自立と子どもたちの花育に力を注いでいる。専業主婦からの起業をテーマに、第一回国際女性起業家フォーラムで講演。大学での講演やセミナー多数。東京都最優秀技能者 (東京マイスター)。
著書に、『美しき日本の花のおもてなし』『プリザーブドフラワー・デザインブック』 (ともに六耀社刊) などがある。
www.belles-fleurs.com

子どもの手しごとブック

ワクワクお花屋さん気分
はじめての花レッスン

2017 年 2 月 23 日　初版第 1 刷発行
著　者：今野政代
こんのまさよ

発行人：圖師尚幸
発行所：株式会社　六耀社
〒 136-0082　東京都江東区新木場 2-2-1
Tel. 03-5569-5491
Fax. 03-5569-5824
www.rikuyosha.co.jp
印刷・製本：シナノ書籍印刷 株式会社

©2017 Masayo Konno
ISBN978-4-89737-890-9
Printed in Japan
NDC793　48p 25.7cm

撮　影：sono（bean）
ブックデザイン：日高慶太
　　　　　　　　志野原遥（monostore）
イラストレーション：今野政代
撮影協力：UTUWA
編　集：宮崎雅子